Conserver la couverture

Cœurs de Femmes !

. . . . tous les êtres aimés
Sont des vases de fiel qu'on boit les yeux fermés.

epo...
Mais au...
jectif, plus...
d'entente, d'h...
J'ai l'intime...
a pri...

CŒURS DE FEMMES !

.... tous les êtres aimés
Sont des vases de fiel qu'on boit les yeux fermés.

Depuis quelques mois, nous entendions parler d'une entreprise louable au plus haut point. Il s'agit de la création d'un comité, dans la région, pour faire suite aux 250 existant déjà en France et réunis sous ce titre : *Union des Femmes de France.*

L'initiative de cette œuvre appartient, paraît-il, à Mme Cauchy, femme du très digne et très aimé principal du collège de Saint-Servan. — Il semblerait que les choses ont marché d'un assez bon pas, puisqu'on nous annonce pour aujourd'hui même, les prémices de cette organisation, au Casino de Saint-Malo.

Union des Femmes de France, c'est là un titre superbe et enchanteur ! A eux seuls, ces mots répandent dans les cœurs leur poétique encens, et plus n'est besoin pour les faire comprendre et aimer, d'appeler à soi les retentissants adjectifs.

Le but, tout Français doit le connaître : venir en aide, au moyen de ressources puisées dans la fraternité et l'amour de la patrie, aux soldats blessés au service du pays.

But éminemment moral et chrétien, but évangélique et touchant que de faire secourir, soigner, guérir, aimer, l'intrépide petit *pioupiou d'un sou,* le rude et vaillant matelot français, par les mains délicates et chéries des mères, des épouses, des sœurs Françaises !.......

Mais aussi plus la donnée est noble, plus haut est l'objectif, plus il faut déployer, pour y atteindre, d'art, d'entente, d'honnêteté et de conscience.

J'ai l'intime conviction que la généreuse femme patriote qui a pris la tête de cette mission sait et saura ménager toutes les petites vanités chatouillées, adoucir les susceptibilités et qu'elle pourra envelopper dans un même esprit de tendre solidarité tous ces cœurs qu'elle aspire à rapprocher du sien.....

Ce n'est pas à moi, à peine assis sur cette plage, de connaître et de juger. Et, sans aucun doute, Mme Cauchy doit posséder, pour oser, une situation, un savoir-faire, une autorité connus et appréciés dans la région.....

Il ne me reste donc qu'à parler du Docteur *Bouloumié*, le secrétaire de la noble confrérie, dont les accents doivent retentir au Casino, aujourd'hui même, vers les 2 ou 3 heures de relevée. — Je ne puis que tracer ici, de mémoire et à grands traits, l'esquisse du conférencier organisateur, telle qu'elle m'apparut naguère......

Assez grand, brun, pâle, orné de favoris et de moustaches — les uns pour le sexe laid, les autres pour les dames, — l'aspect d'ensemble est vivant. L'homme remue, s'agite, parle, persuade avec l'allure d'un gentleman qui a su prendre sa place dans le monde où l'on s'amuse comme dans le monde où l'on s'ennuie.... Enfin, un Parisien jusqu'aux bouts des ongles...

Et maintenant, me direz vous, M. Bouloumié est-il un puits de science ? — Ah ! cela j'en ignore, et n'a qu'une importance secondaire, en l'espèce, — comme on dit au Palais....

Mais, ce qu'il m'est permis de dire, sans témérité, c'est qu'à ses heures, entre deux conférences, je crois le docteur parfaitement capable d'expédier aimablement son malade ; c'est déjà quelque chose.

En résumé : un sympathique, comme vous voyez.

Il y a quelques années, j'eus l'occasion de rencontrer le docteur Bouloumié dans un salon ami de la rue de Rivoli.— Et, j'ai la nette souvenance que son brio, son « *bon garçonnisme* », son délicieux répertoire de petits jeux de société, en avaient fait l'enfant gâté, — pourquoi ne pas dire l'enfant chéri ? — de la maîtresse de maison, la belle Mme de L..., belle entre toutes les perles de l'écrin parisien...

Les Anglais ont une formule qui caractérise bien leur esprit pratique des choses. Ils disent : « *A right man, in the right place...* »

Eh bien ! Après observation minutieuse, car j'aime voir les êtres à la loupe avant d'en parler, je jugeai l'homme comme parfaitement choisi pour cette œuvre de concentration, de persuasion.

Malheureusement cela n'est que mon opinion, et ne suffit pas. — Les dames de Saint-Malo-Saint-Servan penseront-elles comme d'autres ont pensé, verront-elles comme j'ai vu ? voilà, aujourd'hui l'important. — Et, comme toujours, arrive à nous avec son point d'interrogation inquiétant, le « QUI SAIT ? » de Montaigne.

Par exemple, ce qui est certain, c'est qu'après les improvisations, les périodes enflammées, les applaudissements chaleureux — car il y aura tout cela, n'en doutez pas — après les effluves de la lune de miel, il faudra montrer une main dextre et légère pour mettre définitivement à l'unisson ce clavier si sensible de l'opinion *Malouine* et *Servannaise*. — Car, non seulement nous sommes, ici, en province, mais dans un coin très particulariste, très fier, très ombrageux, très difficile à manier. — Faut-il rire ou pleurer, être grave ou riant, discret ou bavard, aimable ou réservé ? — Il faut être tout cela..... et autre chose encore.

Malgré tout, je crois au succès, je crois que l'actualité toujours vibrante du sujet emportera d'assaut toutes les difficultés.

Et, en définitive, c'est un rêve bien permis et que je veux faire, de voir, dans un avenir prochain, l'union des femmes de Saint-Malo-Saint-Servan.

Oui, j'aime à dire que dans ce coin privilégié, dans ce site aimé de Dieu et des poètes, sur ces rochers témoins des gloires anciennes et où le sang des héros illustres et inconnus coule encore dans les veines bleues de tant de nobles femmes, la poésie et l'amour auront raison des souvenirs mesquins.

— 4 —

Comme la vague mugissante efface, en passant sur le sable, l'empreinte de la veille, de même l'amour de la patrie effacera les pensées mauvaises, nivellera les surfaces, balayera les petites chicanes, et scellera solidement, malgré la tristesse des malentendus politiques, cette union si touchante des mères, des femmes, des sœurs de soldats.

Cœurs de femmes, vous pouvez tant ! Vous pouvez tout, cœurs de femmes !

Jean BOURRU.

P.-S. — A la dernière minute, on me communique une petite note modestement placée dans le corps du *Salut*.

Le rédacteur charitable de cet entrefilet, — à la sauce piquante, — après avoir affirmé qu'il annonce, sur la prière des intéressés, la conférence du Dr Bouloumié, croit devoir informer sa clientèle catholique et orthodoxe que parmi les Dames patronnesses de l'*Union des Femmes de France*, figurent, au premier rang, les noms des libres-penseuses Mmes P. Bert et Floquet.

Or, cela équivaut à dire, tout simplement, pour certaines âmes craintives, que le Diable aux pieds fourchus en personne préside cette œuvre nationale.

A cette foudroyante révélation, il y a un « seulement », mais il est capital : Le fait avancé est absolument inexact. *L'annuaire de 1891, le dernier paru, en fait foi.*

En vérité, voilà une erreur regrettable, malheureuse ; et l'on ne s'explique guère facilement que ces deux noms diaboliques aient pu se placer, par hasard, sous une plume avisée comme celle du pieux rédacteur.

« Calomniez, calomniez sans cesse, il en restera toujours quelque chose », s'écrie Bazile.

A coup sûr, personne ne voudra prêter au *Salut* l'intention de s'être inspiré de cette maxime abominable.

C'est pourquoi, nous verrons, sans étonnement, l'auteur de cette erreur involontaire s'empresser, mais un peu tard, de la réparer.

J. B.

Saint-Malo, imp. du Commerce, H. RICHARD.

www.ingramcontent.com/pod-product-compliance
Lightning Source LLC
Chambersburg PA
CBHW061619040426
42450CB00010B/2570